AF456373

LETTRES
SUR
L'OPÉRA.

1376

√.

35022

(2)

LETTRES
SUR
L'OPÉRA

*PAR M. C***.*

BIBLIOTHÈQUE NATIONALE

A PARIS, RUE DAUPHINE,
Chez L. CELLOT, Gendre & Successeur de CH. ANT. JOMBERT Pere, Libraire du Roi, pour l'Artillerie & le Génie,
AU FOND DE LA COUR.

1781.

LETTRES SUR L'OPÉRA.

PREMIERE LETTRE.

MONSIEUR,

Vous aurez ſans doute lu une lettre adreſſée à M. de C***., elle concerne le choix d'un emplacement pour reconſtruire une Salle d'Opéra, telle que le Public y puiſſe trouver toute ſûreté contre le danger d'y être ſurpris par l'incendie. Vous la trouverez judicieuſe, & je ne doute pas que vous ne joignez vos vœux à ceux du Citoyen qui l'a publiée.

On y annonce un plan projeté pour établir cette Salle ſur la place du Carrouſel ; je ne connois point ce plan ;

& comme on ne nomme pas l'Architecte qui l'a tracé, nous ne pouvons rien préjuger sur sa beauté : nous nous en tiendrons donc à accorder notre confiance à l'éloge qu'on en fait.

Les emplacemens convenables que l'on y destinoit, étoient, l'un le terrein occupé par l'Hôtel de M. le premier Ecuyer; l'autre, celui de l'Hôtel de Longueville. L'idée d'employer le terrein de M. le Premier à cet objet, avoit été ouverte par un Artiste, dès le tems de l'ancien incendie de l'Opéra; c'est-à-dire, il y a environ dix-huit ans : dans ces premiers momens, on avoit cru que M. le Duc d'Orléans ne voudroit plus de ce dangereux voisinage. Le projet annoncé, de la possibilité d'un arceau qui joindroit la grande galerie à la Salle de Spectacle, avoit aussi été conçu ; on y ajoutoit que cet arceau devroit avoir une largeur suffisante pour abriter en tems de pluie, les personnes à pied qui ſortiroient des ſecondes & troiſiemes loges, ainſi que du parterre : qu'en leur faveur, il faudroit ouvrir un paſſage au travers des Ecuries du Roi, afin qu'elles puſſent aller à couvert & avec ſûreté juſques ſur le quai, prendre les voitures de place, bien entendu qu'on ne permettroit à aucun carroſſe d'embarraſſer ce paſſage.

Ce projet étoit excellent, mais on nous fait eſpérer mieux encore ; on aſſure qu'il eſt arrêté que ce Théâtre ſera reconſtruit ſur la place du Carrouſel, en prenant partie de la Cour des Princes, & ſans toucher à l'Hôtel de M. le Premier. Il devient cependant un peu délicat de placer un Théâtre dans cet endroit ; on ſe diſpoſe à faire de la grande galerie, un *muſéum* qui contiendra ce que le Roi poſſede de plus précieux dans les Arts. En réuniſſant tant de richeſſes dans un même lieu, il ſemble qu'il ſeroit prudent d'en éloigner tout ce qui pourroit le menacer d'incendie, & surtout un édifice aussi combustible que l'est une Salle d'Opéra. C'est pourquoi j'aurois préféré le terrein de l'Hôtel de Longueville, en y ajoutant l'Hôtel qui l'avoisine. Il se trouveroit mieux placé, relativement au Château des Tuilleries, auquel il feroit face (1).

Mais nous devons nous estimer heureux de ce qu'on nous ôte la crainte de le voir replacer où il étoit. Vous savez qu'on ne préfere pas toujours le mieux, & qu'on ne manque jamais de raisons apparentes. Il étoit

(1) Quelques personnes ont observé que dans cet endroit on ne peut creuser sans rencontrer l'eau, cela est vrai : néanmoins cette objection n'est point importante ; parce que lorsqu'on ne peut s'enfoncer on s'éleve. Il ne faut pas s'exhausser beaucoup pour se trouver au même niveau que l'ancien Opéra. Il faudra monter, dira-t-on ; il n'importe, pourvu que les escaliers soient au-dehors du gros mur de défense qui doit enclorre toute la Salle & le Théâtre. C'est aux sorties intérieures qu'il est essentiel qu'il n'y ait aucunes marches à monter ni à descendre.

très-possible que des Architectes Courtisans présentassent, comme une économie, l'usage qu'ils auroient dit qu'on pouvoit encore faire de ce qui n'a pas été totalement calciné. Dans la suite on les auroit vus détruire peu-à-peu, tout ce qu'ils auroient promis de conserver : c'est assez l'usage.

Au reste, il est facile de prendre des précautions pour assurer le *museum*, telles que celles d'enclorre la partie du Théâtre qui s'avoisineroit à la Galerie, d'un mur fort & élevé, de bâtir en pierre l'arceau, & de voûter en brique la petite galerie qui joindroit au Théâtre, & qu'on fermeroit d'une porte de fer de ce même côté (1).

(1) Il seroit encore possible de le construire au milieu du Carrousel, en prenant partie sur la Cour Royale, & partie sur la Place, & la joignant aux galeries du Louvre, par une colonnade qui porteroit une petite galerie couverte.

On ſait par pluſieurs expériences funeſtes, que les ſecours qu'on apporte à un Théâtre, dans le cas d'incendie, ſont totalement inutiles, & ne peuvent ſervir qu'à ſauver les entours. Il faut donc, pour la ſûreté des bâtimens voiſins, ou qu'ils en ſoient fort éloignés, & que s'ils y touchent, ce ne ſoit que par des corps incombuſtibles, ou qu'ils en ſoient défendus par des murailles qui ne puiſſent donner paſſage au feu. C'eſt pourquoi je conclus qu'il faut que toute la partie du Théâtre ſoit enfermée, au moins de trois côtés, d'un mur fort, & élevé, formant une eſpece de tour, où les ouvertures ſoient rares & petites : il n'eſt pas beſoin de beaucoup de jour dans cette partie, dont tout le ſervice ſe fait à la lumiere ; & s'il en falloit, on le tireroit d'en haut.

Il reſte à deſirer qu'on ne ſe refuſe point à prendre tout l'eſpace convenable, & qu'on n'épargne point les frais de construction qu'exigent la multiplicité des corridors & des escaliers nécessaires à la sûreté publique.

Sans doute ces frais sont très-considérables, & il semble difficile de se résoudre à les porter si loin, à cause du danger d'un moment; mais ce moment est de la plus grande importance. Renonçons pour cette fois à des économies mal entendues. Quoi! la sûreté des Citoyens ne seroit pas un motif suffisant pour engager à faire les dépenses qu'elle exige? Ces dépenses qui effraient, ne se font qu'une fois; & lorsqu'on les fait avec les précautions & la prévoyance convenables, on est fondé à en espérer une longue durée.

Les circonstances actuelles se refusent à ces dépenses; hé bien! il faut attendre, & par précipitation, ne pas manquer son objet, comme il n'arrive que trop fréquemment. Il n'en eſt pas d'un Théâtre comme de pluſieurs édifices publics, où la beauté, & même une partie de l'utilité ont été ſacrifiées à une épargne mal placée, ou à la cupidité de vendre des terreins. Qu'on ſe ſoit contenté d'en plaiſanter, j'y conſens; mais ici il y va de la vie, & les moindres négligences peuvent avoir des ſuites terribles.

Mais ſi l'Opéra eſt long-tems à rebâtir, comment fera-t-on? les oiſifs accoutumés à y aller paſſer leur ſoirée, ne ſauront que devenir. Il faut les conſoler; déjà on en conſtruit en toute diligence, un proviſoire, qui ſera inceſſamment ouvert; & malgré les preuves des dangers du feu, on le reconſtruit en bois. Ne vous effrayez pas néanmoins, plus il ſera dangereux, plus il ſera veillé de près, & peut-être des aſſureurs riſqueroient-ils moins à en répondre pour un tems limité, que d'un autre plus ſolidement bâti, où l'on se permettroit quelques négligences (1).

Ne donnons point l'alarme ; ne nous a-t-on pas déjà reproché que nous étions trop peureux, que les dangers n'étoient pas aussi grands que nous les faisions? L'Opéra a brûlé deux fois, le Palais Royal n'a-t-il pas été préservé? Oui, mais rendons en grace à la Providence, vous trembleriez si vous considériez le péril dans toute son étendue.

Si le vent qui étoit au sud-ouest, eût été au nord-est, par quels moyens auroit-on sauvé les combles du Palais Royal ? Qu'eût-ce été, si ce malheur, ainsi qu'il étoit très-possible, fût arrivé par un tems de grande gelée, qui rend le feu plus actif & l'eau plus rare ? Heureusement il y avoit très-peu de vent, & il pleuvoit à verse ; les charbons que la force du feu lançoit de toutes parts, s'éteignoient en partie dans l'air, & en partie sur les toîts mouillés. Sans cela, la Douane, la Bibliotheque du Roi, toute éloignée qu'elle paroît en être, auroient peut-être été consumées.

Sans m'étendre sur-tout ce qui pouvoit arriver à l'Opéra, je ne vous arrêterai que sur un seul fait : ce sont les malheurs que la distribution gênée par le défaut de terrein, & la rareté des escaliers de l'Opéra auroit entraînés, si le feu eût pris quelques instans avant la fin du spectacle. On nous répétera sans doute, qu'alors tous les Ouvriers y étant encore, ils y auroient remédié sur le champ; qu'il arrive fréquemment que quelques parties de toiles s'enflamment, & qu'au moyen des éponges on les éteint aussitôt; cela se peut, mais cette prétendue sûreté est fort incertaine. Il faut pour cela supposer qu'aucun ne se troublera, que le feu ne prendra pas en plusieurs endroits à la fois, & où il soit difficile d'atteindre.

Dans l'accident que nous déplorons, un ſeul lampion prend feu ; il y avoit encore quelques Ouvriers, ils tentent de l'éteindre, ils jettent de l'eau, ils ne viſent pas juſte ; une toile s'allume, on tâche de la faire tomber en bas, on n'y réuſſit pas ; les haillons pendans au plafond s'enflamment en moins de douze minutes ; tout eſt déſeſpéré, & il n'eſt plus poſſible d'y donner aucuns ſecours.

Suppoſons qu'en effet tous les Ouvriers s'y trouvent, & qu'ils ſe trouvent tous par haſard dans la partie du cintre, prêts à courir ſur leurs ponts chancelans, faits d'une planche ſoutenue par quelques cordes ou par quelques chaſſis de bois ; ſuppoſons en même tems, ce qui n'eſt que trop poſſible, que pluſieurs lampions échauffés les uns par les autres ont pris feu, dans un moment où l'on étoit diſtrait par le ſervice d'une décoration : la quantité des Ouvriers ſuffit à peine pour le nombre d'endroits où il faut porter du ſecours ; le déſordre n'en eſt que plus grand, & s'accroît encore par l'empreſſement ; la moindre confuſion trouble tout, & il reſte vrai que ſi l'on ne trouve moyen d'arranger différemment cette partie du Théâtre, elle ſera toujours ſuſceptible, ſur-tout le cintre, d'être enflammée en moins d'un quart d'heure. Lorſqu'on calcule la ſomme des dangers qu'on court aux ſpectacles, il faut faire entrer celles des fautes qu'on peut faire par effroi ou autrement.

Je reviens au fait dont je voulois vous parler. Il y avoit à l'Opéra un cinquieme rang de loges au fond de la Salle, cherement louées à l'année ; elles étoient au nombre de ſix ou ſept, & de huit ou neuf places chacune. On n'y avoit accès que par un corridor à peine capable de contenir deux perſonnes de front. Il commençoit au cintre par un eſcalier de huit ou dix marches, & il étoit interrompu ensuite par un autre à-peu-près de pareil nombre, qu'il falloit monter & redescendre. Ce corridor embrassant d'ailleurs les deux tiers du pourtour de la salle, il auroit fallu le parcourir & franchir tous ces obstacles pour se sauver; & où seroit-on arrivé? au cintre du Théâtre où étoit le fort de l'incendie, & par où il étoit impossible de passer.

C'étoit le seul chemin par où l'on pût gagner l'escalier tournoyant qui descendoit du cintre jusqu'en bas, & qui étoit l'unique, & pour le cintre & pour ce rang de loges. Voilà donc plus de cinquantes personnes forcées à périr dans ce cul-de-sac, livrées à un désespoir prolongé à la vue du plus inévitable & du plus affreux supplice; & cela, parce que, pour augmenter la recette, on a eu la cupidité de pratiquer des loges dans un lieu sans issue, pour les cas de nécessité.

Vous vous figurerez facilement l'impossibilité qu'il y auroit eu que ces personnes se sauvassent en dix ou douze minutes. D'abord on entend dire que le feu est au Théâtre, dont on est éloigné; les femmes s'effraient, les hommes plus courageux veulent les rassurer; ce n'est rien, leur dit-on; si vous sortez, vous allez vous exposer à être culbutées, étouffées, écrasées; cette crainte n'est que trop bien fondée; elle l'est mieux encore lorsqu'il est question de parcourir un corridor long, étroit & interrompu d'escaliers : cependant on perd des momens précieux; bientôt il n'est plus de ressource, & tout passage est intercepté.

Ce Tableau trop vrai vous fait trembler sans doute; cependant l'effroi qu'il peut vous inspirer n'approche pas de la terreur que j'éprouve lorsque je réfléchis au danger qu'y auroient couru quelques-uns de mes plus intimes amis.

Vous en conclurez, ainſi que moi, que ceci étant connu de tout le monde, nous ſerons plus précautionnés à l'avenir. C'eſt du moins ce que nous avons lieu d'eſpérer, quoique nous ayions rarement vu que l'expérience ait rendu prudent. Oſons croire qu'on négligera les conſeils d'une économie déplacée, & qui peut avoir des ſuites ſi funeſtes.

J'ai deſſein d'examiner avec vous, comment il paroît qu'on devroit traiter un Théâtre pour la plus grande commodité des Spectateurs, & pour le mettre à l'abri des dangers, en cas d'incendie. Ce ſera la matiere de quelques lettres qui ſuivront celle-ci. Cependant, afin que vous jugiez mieux de ce que j'aurai à vous expoſer dans la ſuite, je vous prie de vouloir bien jeter un coup d'œil ſur le projet d'une Salle de Spectacle (1) publiée par

(1) On trouve cette Brochure chez

M. Cochin, dans le tems du premier incendie de l'Opéra; j'adopte le syſtême de cet Artiſte.

Je ſuis, &c.

M. Cellot, Imprimeur & Libraire, rue Dauphine, à Paris.

Lu & approuvé ce 6 Octobre 1781.

DE SAUVIGNY.

SECONDE LETTRE.

MONSIEUR,

Vous pouvez vous rappeler que le projet de Salle de Spectacle que je vous ai prié d'examiner de nouveau, a été publié il y au moins dix-ſept ans. Il ne fut annoncé que comme une Salle de Comédie, mais il étoit aiſé d'appercevoir qu'avec de très-légers changemens, on en feroit, ſans un grand effort de génie, une Salle d'Opéra. Vous pouvez vous ſouvenir auſſi, qu'alors elle ne trouva point de contradicteurs, & qu'elle parut aſſez généralement approuvée par les gens de goût. Ne vous ſemble-t-il pas étonnant que depuis ce tems, aucuns de nos Architectes, qui ont exécuté des édifices de ce genre, n'ait profité de cette idée?

Il eſt cependant évident qu'elle ſeroit plus avantageuſe pour les Spectateurs ; qu'elle préſenteroit un coup d'œil plus magnifique ; un Théâtre plus grand, & où les Acteurs des chœurs ou autres perſonnes utiles au ſervice pourroient n'être point reſſerrés dans des paſſages étroits ; enfin, ce qui eſt plus eſſentiel encore, qu'elle offriroit beaucoup de facilité pour s'échapper de tous côtés en cas de danger. La grandeur des angles du quarré, ou de l'octogone dans lequel ſeroit inſcrit ce grand ovale, donneroit, tant à la Salle des Spectateurs, qu'au Théâtre, des eſpaces ſuffiſans pour y pratiquer toutes les iſſues qui y ſont néceſſaires.

Lorſque je dis qu'on n'a point ſaiſi cette idée, je ne parle que des Théâtres conſtruits juſqu'à préſent pour le Public. Quelques Architectes, même des plus eſtimés, ont compoſé des deſſins ingénieux, en adoptant cette ſuppoſition. Dans le tems où elle fut propoſée, ſur la demande de M. le Marquis de Marigny, M. *Potain*, Architecte & Contrôleur des bâtimens du Roi, dont les talens ſont bien connus, en a deſſiné deux, l'un grand, l'autre plus petit, dans cette forme de l'ovale priſe ſur ſon grand diametre : tous deux ſont dignes de ſa réputation (1).

M. de la Guepierre, Architecte à Stutgard, en avoit auſſi projeté un ; j'ignore s'il a été bâti. Il étoit très-vaſte & relatif à l'uſage des Opéras d'Italie, où l'on voit quelquefois des corps de Cavalerie ſur la ſcene. Il en montra les deſſins à Paris, & ne fit aucune difficulté de dire qu'il s'étoit conformé avec plaiſir à ce ſyſtême. On aſſure auſſi qu'un Architecte connu pour l'abondance de ſon génie, a

(1) Ils ſont dans la collection des deſſins appartenans à feu M. le Marquis de Ménars.

exécuté à Paris , dans cette même forme, un petit Théâtre qui a été trouvé très-agréable (1).

Quels motifs ont pu la faire négliger aux autres ? Les exemples ci-dessus cités éloignent tout soupçon injurieux , qu'un Architecte jouissant de quelque célébrité rougiroit de suivre un projet indiqué par un autre Artiste qui n'est point Architecte. De plus, il ne pouvoit répugner à personne d'imiter Palladio, qui est un

---

(1) Le Théatre nouveau en bois que construit M. Le Noir, est dans la belle forme ovale que nous desirons : enfin, le Public sera à portée de juger des avantages qu'elle présente pour bien voir & bien entendre.

Il n'est cependant pas entiérement dans le systême que nous avons adopté ; il y a un cinquieme rang de Loges différemment disposé, & qui n'étoit point achevé lorsque je l'ai vu. Par plusieurs raisons je crois qu'il eût été mieux de suivre la même forme, & je crains qu'il n'en résulte des inconvéniens, mais je n'entreprens point d'en faire la critique, laissons l'Architecte jouir des éloges qu'il mérite Il saura bien se juger lui-même par l'expérience, & se rectifier, s'il étoit chargé du grand qu'on doit construire.

Auteur

Auteur classique dans l'Architecture, & l'on avoit eu soin d'observer que ce n'étoit que son Théâtre olympique appliqué à nos usages. D'ailleurs on avoit gravé ce projet très en petit, & l'on avoit laissé tout à faire au génie, ainsi un Architecte ne pouvoit être arrêté par la crainte frivole de passer pour un copiste.

Des obstacles d'un autre genre peuvent s'y être opposés. D'abord la nouveauté & l'extraordinaire d'une pareille proposition ont pu étonner, il est si difficile de ne pas suivre la route qu'ont frayée nos prédécesseurs. Joignez y la transposition de toutes ces places qu'on regardoit comme honorifiques, quoique l'on y fût assez mal. Beaucoup de personnes ont pu n'appercevoir dans cette construction que le renversement des habitudes qu'elles ont contractées de jeunesse. Enfin, le dirons-nous? On a même allégué comme une objection solide, qu'on ne parviendroit jamais à perſuader aux grands de ſe trouver bien ailleurs que dans ces loges qu'on nomme baignoires, où ils ſont à portée de cauſer avec les Actrices. Ce motif eſt important ; mais l'eſt il aſſez pour faire rejeter un projet utile à tant d'autres égards ? Au reſte, il y auroit encore moyen d'y pratiquer de ces petites loges.

Le Théâtre que conſtruiſent actuellement pour la Comédie Françoiſe, M. *de Wuailly* & M. *Peyre*, réunit pluſieurs des avantages que je deſire qu'on procure au Public. Les Spectateurs ne seront point (du moins le plus grand nombre) obligés de ſe tourner de côté pour voir ; & comme la ſcène s'avance en dedans de la Salle, les Acteurs ſeront facilement entendus. Il ne differe de celui qu'on propoſe, qu'en ce qu'au lieu d'un ovale, c'eſt un cercle.

Ce Théâtre eſt noblement décoré,

cette forme circulaire eſt belle & réguliere; cependant, qu'il me ſoit permis de le dire, je perſiſte à la croire moins avantageuſe que la forme ovale priſe ſur la largeur. Conſidérons que l'ovale en ſoi, n'eſt qu'un cercle applati de deux côtés; il réſulte de cet applatiſſement deux avantages importans. De ces deux côtés, l'un rapproché du centre, en face de la ſcene, place beaucoup plus près les Spectateurs qui l'occupent, & c'eſt le plus grand nombre, & les perſonnes les plus conſidérables. Sur quoi il eſt à obſerver que dans le cercle, ce ſeront les plus éloignés; car on ne peut pas faire arriver la ſcène juſqu'au centre du Théâtre, les Acteurs, alors, ſeroient ſi loin des décorations, qu'elles paroîtroient leur être étrangeres. Le ſecond avantage eſt, que la face applatie du côté de la ſcene, ſe rapproche encore de ces Spectateurs, & il s'enſuit que ceux du fond & ceux des côtés, ſont-à-peu-près à même diſtance des Acteurs ; & que la ligne ſur laquelle eſt élevée l'avant-ſcene, étant preſque droite, s'en éloigne moins.

En ſuppoſant donc qu'on voulût enfin concevoir que cette forme ovale eſt inconteſtablement la meilleure pour quelque Salle de Spectacle que ce ſoit, on ne peut diſſimuler qu'elle exige un emplacement beaucoup plus grand que tous les Théâtres qu'on a faits ou qu'on fait, & que la dépenſe de ſa conſtruction ſeroit plus conſidérable : mais il eſt bien clair qu'on n'exécutera jamais rien de bien, ſi l'on eſt toujours retenu par ces motifs d'économie, & qu'en pareil cas, vu l'importance de l'objet, c'eſt une véritable avarice, puiſque c'eſt ſe refuſer le néceſſaire.

Pour appliquer cette forme à une Salle d'Opéra, on pourroit l'agrandir d'environ cinq pieds en enfoncement ſur le petit diametre (1), ſans

(1) *Voyez* la planche VII.

augmenter le grand. Cet eſpace de plus ne reculeroit pas les plus éloignés; c'eſt-à-dire, ceux du fond des premieres loges, plus loin que le ſecond ou troiſieme rang de l'amphithéâtre de la Salle derniérement incendiée. On ne peut diſconvenir qu'à cette diſtance modérée, on étoit très-bien pour voir & pour entendre. Ce reculement donneroit l'eſpace de vingt loges aux premieres, ou de dix-neuf ſi l'on adoptoit le balcon à deux rangs, tenant lieu d'amphithéâtre, parce qu'en ſuppoſant les deux paſſages intérieurs de trois pieds chacun, ils feroient perdre l'eſpace d'une loge.

Si l'on ſe déterminoit auſſi à reculer ſucceſſivement, quant à la hauteur, chaque rang de loges, de la moitié de l'enfoncement d'une loge (comme il eſt indiqué dans la coupe de l'ancien projet), il y auroit une demi-loge de plus aux ſecondes, & plus qu'une entiere aux troiſiemes, ainsi qu'à celles de dessus, si l'on pratiquoit un quatrieme rang.

On laisseroit la partie saillante de la scene, où elle est dans l'ancien projet, & l'augmentation d'espace du nouveau, tourneroit à l'agrandissement de l'orchestre & du parquet, si l'on en vouloit un.

Nous laisserons à décider s'il convient d'établir à l'Opéra un parquet du même prix que les premieres loges ; c'est mon opinion : cette tentative n'a point encore été faite. Cependant elle seroit souvent avantageuse pour la recette. Mais peut-être auroit-on à craindre que le parterre ne la désapprouvât hautement, parce qu'il se trouveroit plus éloigné de la scene: néanmoins si l'on se contentoit de deux, ou tout au plus trois rangs de banquettes, cet espace pris sur lui ne le reculeroit gueres plus loin que le centre de la Salle. Il n'y avoit point autrefois de parquet à la Comédie

Françoise; lorsqu'on en eut fait un, cela occasionna quelque léger murmure, mais bientôt on s'y est accoutumé. Icì nous ne demandons que trois rangs de banquettes au lieu de cinq qu'on a accordés aux autres parquets. Il est vrai en même tems que le grand développement de sa courbure donneroit au moins autant de places que les autres parquets, & qu'étant à un prix avantageux, elles augmenteroient assez considérablement la recette, dans les occasions de grands succès.

Il reste à examiner si, dans un spectacle de musique, les places aussi proches que celles d'un parquet seroient agréables; il est certain qu'une forte harmonie fait un meilleur effet, lorsqu'elle n'est pas entendue de si près; mais à la Comédie Italienne, il y a un parquet, & l'on y est bien. Seroit-ce parce que l'Orchestre adoucit d'avantage son accompagnement? En effet, on y entend mieux des voix, souvent plus foibles que celles de l'Opéra. Cet orchestre a pris l'heureuse habitude de couvrir moins les voix qu'on ne fait à l'Opéra, où il semble qu'on cherche plus à étonner l'oreille qu'à lui plaire.

On ne doit pas dissimuler qu'un parquet pourroit être peu favorable pour la danse haute : ces grands pas, ces attitudes si difficiles qui la caractérisent, vus de trop près, perdent de leur agrément. On en a eu la preuve lorsque l'ancien incendie obligea de se passer d'Opéra pendant quelque tems ; les Danseurs, pour s'entretenir, s'exerçoient à la Comédie Françoise. Là on apperçut combien ces efforts leur coûtent ; une sorte de convulsion que l'éloignement dérobe, en décéloit la peine. Il est cependant à observer qu'à l'Opéra, on ne seroit jamais aussi près à cause de la profondeur qu'exige un Orchestre nombreux.

D'ailleurs il se pourroit que dans la suite les Danseurs voulussent se persuader que ce n'est pas dans la difficulté surmontée que consiste le vrai talent de plaire. Mais pendant longtems encore, la pirouette sur un pied, ainsi que les éclats de voix qui ressemblent à des cris, resteront en possession d'arracher les applaudissemens tumultueux du parterre, & nous avons peu d'espérance de voir le goût s'épurer à cet égard.

Il feroit très-naturel de penser qu'au moyen d'un parterre aussi vaste que celui qui est proposé dans le projet, on pourroit y être assis; c'est un desir assez général. Mais on n'observe pas qu'une personne assise tient la place de deux & demie debout; ainsi un parterre qui pourroit recevoir cinq cents personnes debout, en contiendroit à peine deux cents assises. Pour retrouver la même recette, il faudroit donc prendre six francs au lieu de quarante-huit sols : je doute fort que le Public goûtât cet arrangement. D'ailleurs qui ne voit que les loges seroient abandonnées? Il n'y a point de places aussi bonnes que celles du parterre, si l'on y étoit assis.

On s'étonne de voir que l'Opéra ne peut se soutenir par ses recettes, comme autrefois, & l'on ne fait pas attention à la différence des tems. Dans notre jeunesse (c'est-à-dire, il y a environ cinquante ans), lorsque nous donnions quarante sols au parterre, ils valoient plus qu'actuellement ne valent cent sols. Tout a augmenté quant à la dépense de l'Opéra, habits, lumieres, honoraires, gages, & cependant les places ne sont point augmentées, ou de si peu, qu'il n'y a point de compensation.

Je dirai même que ç'a été une pusillanimité que de n'avoir point osé mettre en dernier lieu le parterre à un écu. Quand on considérera combien de gens à talent sont en mouvement pour nous procurer deux heures de plaisir, on sera étonné de pouvoir jouir de ce Spectacle à si bon marché : à Londres, les moindres places sont à douze francs.

Pour augmenter ou assurer les recettes, on a imaginé les loges à l'année, qui ont fait abandonner les premieres loges ; on a mis l'imposition absurde de faire payer les loges qu'on loue en entier, moitié en sus de leur prix. C'est, je crois, la seule chose qu'on achete plus cher en gros qu'en détail. Je doute qu'on y ait gagné, car bien moins de personnes se déterminent à faire ce sacrifice. Le motif qu'on allegue est plaisant. En louant la loge entiere, dit-on, vous privez le Public d'y prendre place. Mais ces personnes qui louent la loge, ne sont-elles pas aussi du Public ? N'est-ce pas un avantage pour vous, vendeur, qu'on vous aſſure le paiement d'un nombre de places, dont pluſieurs ſeroient peut-être reſtées vuides? Il n'importe, les Directeurs ou autres, ont trouvé bon de s'établir les vengeurs du Public, prétendu lézé; en punition, ils vous infligent une amende, que très ſagement ils appliquent à leur profit.

Qu'on nous bâtiſſe une belle Salle, commode pour les Spectateurs, & où l'on prenne toutes les précautions néceſſaires à notre ſûreté; qu'on cherche tous les moyens d'y donner d'excellentes choſes; à quelque prix qu'on mette les places, pourvu que ce ſoit en proportion de leur commodité & de leur dignité, le Public s'y portera en foule: jamais les ſoins qu'on s'eſt donné pour le ſatisfaire n'ont été mal récompenſés.

Déjà l'on a pris des meſures ſages pour l'encouragement des Compoſiteurs des paroles & de la muſique;

il ne reste plus que d'établir des écoles gratuites pour former un grand nombre d'éleves des deux sexes, & par-là, se mettre dans la suite en état de faire que ce Public soit toujours bien servi.

Il est tems de terminer cette lettre. Nous examinerons dans la suivante, comment on peut procurer au Public les moyens de sûreté contre le danger de l'incendie.

Je suis, &c.

TROISIEME LETTRE.

MONSIEUR,

VOUS fouvenez-vous d'avoir lu dans la Gazette, qu'il falloit néceffairement que l'intérieur d'une Salle d'Opéra fût conftruit en bois, pour être fonore. Cette affertion ne vous a-t-elle pas paru trop générale, & mériter quelque examen?

D'abord, il paroît qu'il n'eft point prouvé qu'une voûte en pierre ne puiffe pas repercuter les fons, & produire cette forte de retentiffement qui fait briller la voix & augmente fon volume. La preuve contraire eft que dans les Eglifes & à la Chapelle du Roi, les fons foutenus acquierent un plus grand éclat que dans nos Théâtres. Cela tient à plufieurs caufes; mais celle qui paroît la principale, c'eſt que dans les Egliſes, il n'y a jamais du monde juſqu'en haut, comme dans les Théâtres ; or, ce ſont toutes les ſurfaces molles des étoffes ou autres qui, recevant les impulſions de l'air frappé, & ne produiſant aucune réaction par leur défaut de reſſort, amortiſſent entiérement la vibration du ſon.

On fait en Italie & ailleurs la petite charlatanerie, lorſqu'on vous montre les divers Théâtres vuides de Spectateurs, de vouloir vous prouver combien ils ſont ſonores, en vous priant de vous placer à la loge la plus haute ou la plus éloignée ; & là, de deſſus le Théâtre, en parlant à demi-voix, on vous fait remarquer que vous ne perdez rien de ce que l'on dit. Cela n'eſt point merveilleux ; il n'eſt aucun Théâtre, qui étant vuide, ne ſoit ſonore ; mais lorſqu'il eſt rempli de Spectateurs, c'eſt toute autre choſe.

C'eſt ce qui rend nos Théâtres

..ourds, à quelques égards, plus que les Eglises. Quelle que soit l'affluence du Peuple dans une Eglise, l'espace occupé par le nombre des Fideles est toujours peu considérable en comparaison de l'espace vuide & des grandes parties lisses ou solides qui entourent ou qui composent la voûte, & qui ont une réaction sensible & tenant de l'écho.

Cet effet cependant n'a lieu que pour les sons donnés à pleine voix; la voûte est trop élevée; les sons foibles n'y arrivent pas, ou n'en sont point renvoyés: on peut même avoir observé que lorsque les Chanteurs sont dans une Tribune, & par là rapprochés de la voûte, leur voix rend davantage. Il n'est donc point prouvé qu'une voûte de pierre qui ne seroit qu'à une hauteur convenable ne fût pas sonore.

Mais je veux demeurer d'accord qu'une voûte de bois, mince, dur &

liſſe, pourroit rendre mieux encore, à cauſe de ſon élaſticité, la voûte de pierre nous défendroit davantage contre le danger du feu. Celle de bois pourroit produire quelqu'agrément de plus; mais ſoit pierre, ſoit bois, je conclurai qu'il faut qu'elle ſoit plus élevée qu'on n'a coutume de faire; ſans cependant la porter à une hauteur démeſurée, comme elle eſt au Concert Spirituel; qu'il faut qu'elle ſoit liſſe, d'une courbure ſurbaiſſée avec douceur, & ſur-tout qu'il n'y ait pas un plafond peint ſur toile, qui la rendroit peut être plus agréable, mais qui en ôteroit l'utilité.

Il eſt évident qu'il n'eſt nullement néceſſaire que le plancher des loges ſoit de bois, & d'autant moins qu'on eſt obligé de carreler deſſus. Il pourroit donc être de briques, au moyen de la courbe qui peut avoir lieu par la différente hauteur des deux rangs de ſiéges que ce petit plancher porte (1). Il n'eſt pas utile non plus que l'appui des loges ſoit de bois ; le peu de ſurface qu'il préſente ne peut être regardé comme un corps important à la repercuſſion du ſon. Il ſeroit donc auſſi bien en pierre, pourvu qu'il ne fût décoré que de moulures ou ornemens très-peu ſaillans.

Les conſoles qui ſoutiennent les planchers des loges, pourroient également être de pierre, ſur tout ſi l'on traitoit les loges en les reculant ſucceſſivement comme elles ſont indiquées dans le projet. Rien n'empêche que le plancher & l'appui de l'amphi-

(1) Lorſque je parle de voûtes de briques, je n'entends par parler de cette mauvaiſe conſtruction de briques poſées à plat, que quelques Architectes ont voulu mettre à la mode : il eſt facile de faire fabriquer des briques en vouſſoirs, & par cette conformation les rendre propres à ſe ſoutenir ſans le ſecours du plâtre, qui ne doit y entrer que comme liaiſon.

théâtre ne ſoient auſſi de pierre, & même celui du parterre, ſi l'on vouloit renoncer à le faire mouvoir pour la Salle de Bal ; & en effet cela ne ſeroit point néceſſaire, ſi la partie du Théâtre étoit auſſi vaſte que nous la deſirons.

Il reſte le mur du pourtour, qui fait le fond des loges. Il eſt à deſirer pour la défenſe du corridor, qu'il ſoit de pierre ; cependant je demeure d'accord qu'il doit être avantageux que ſa ſurface intérieure ſoit en bois ; mais ne peut-on pas ici allier l'utile & l'agréable ? Un Architecte connu a ouvert dans le Mercure, un avis très-praticable ; c'eſt que le mur ſoit de pierre, mais doublé de bois en dedans, ſi l'on peut ſe ſervir de cette expreſſion. Je penſe qu'il faudroit auſſi pratiquer un faux plancher de bois aux plafonds des loges.

Peut-être même ſeroit-il bon, pour en tirer tout l'avantage poſſible, qu'il restât aux uns & aux autres un vuide entre le bois & la pierre, j'ajouterai qu'on pourroit tenter d'y percer des ouvertures comme à un luth pour augmenter la résonnance. Il semble que cela pourroit réussir principalement au plafond des loges qui, à cause de la courbure de la petite voûte cachée, auroit beaucoup d'analogie avec les instrumens. j'observerai seulement qu'il seroit utile que ces murs ou voûtes en pierre ou en brique fussent revêtus d'un stuc très-lisse, tel qu'on le prépare lorsqu'on veut imiter le marbre : ces propositions sont un essai à faire, & il ne paroît pas qu'il en puisse résulter aucun inconvénient.

Cette cloison de bois que nous supposons détachée du mur, ne serviroit cependant à rien, si les personnes qui seroient dans les loges s'y accotoient ; le bois perd son élasticité si quelque chose y touche : il faudroit donc y élever un autre dossier. L'Architecte qui a bâti le Théâtre de Thurin, crut avoir trouvé une chose bien utile, en laissant sous son orchestre un espace vuide, formé en voûte renversée; il ne fit pas attention que le poids des Musiciens détruiroit tout le ressort du plancher de bois sur lequel ils seroient posés: aussi n'en résulta t-il rien.

Par ces mêmes raisons, si l'on vouloit construire un Théâtre selon le plan proposé, auquel je vous ramene toujours, parce que je crois qu'ainsi que moi, vous pensez qu'il est meilleur que les autres, il faudroit que la Salle des spectateurs fût couverte d'une voûte de pierre, élevée en tiers point, & légere comme celles des Eglises Gothiques, & qu'il y eût au-dessous une voûte surbaissée, d'un bois dur, mince & le plus lisse qu'il se pourroit; qu'enfin cette voûte de bois fût suspendue ou souten nepar du fer ou autrement, mais de maniere qu'elle ne touchât que le moins possible à des corps qui pussent amortir son ressort (1).

Pareillement la partie du Théâtre pourroit être couverte d'une voûte de pierre semblable à celle de la Salle; ces deux voûtes qui s'arcbouteroient l'une l'autre, descendant jusqu'à la corniche, produiroient une séparation qui, si elle n'empêchoit, retarderoit du moins la communication du feu du Théâtre au plafond de bois

---

(1) Il y a lieu de présumer que le grand vuide qui resteroit entre la voûte de pierre & celle de bois, seroit très-avantageux pour produire du retentissement. Il ne le seroit pas moins pour exhaler la vapeur méphitique qui s'éleve d'une multitude de personnes renfermées dans un espace resserré, & sur-tout si l'on vouloit adopter la maniere d'éclairer, proposée dans l'ancien projet. Il est évident que la chaleur des lumieres, en raréfiant l'air, attireroit en haut les vapeurs nuisibles.

de la Salle des Spectateurs.

J'entre dans des détails qui pourroient vous paroître superflus, si le sujet étoit moins important. Je vais jusqu'à dire qu'on feroit bien de construire en pierre le pourtour de l'avant-scene ; c'est-à-dire, cette portion cintrée, sur laquelle est placé le filet ou rampe de lumiere qui éclaire les Acteurs en dessous, & les empêche de trop voir les Spectateurs (1). Ces lumieres ne posant point sur le bois, dans le cas où elles s'enflammeroient, ne mettroient le feu à rien. Ce mur de pierre n'ayant

(1) M. Noverre propose de supprimer ce filet ; je le croyois utile aux Acteurs, mais il doit savoir mieux que moi si l'on peut s'en passer. Cependant je craindrois que les lumieres des côtés & du haut étant trop éloignées, les Acteurs ne fussent pas assez éclairés au milieu de la scene. On peut en essayer l'effet, en n'allumant pas ce filet ; on peut aussi n'y mettre qu'un simple rang de lampions.

que les ouvertures néceſſaires pour que les Muſiciens entraſſent ordinairement dans l'orcheſtre, par le deſſous du Théâtre, retarderoit l'embrâſement de cet orcheſtre, ſi le feu prenoit dans les parties d'en bas du Théâtre. D'ailleurs, comme il y auroit ſous cette partie d'avant-ſcène un eſpace aſſez vaſte, avant que d'arriver aux machines, qui ne ſeroient que dans le deſſous des couliſſes, & que de plus l'orcheſtre auroit des ſorties dans l'intérieur de la Salle, les Muſiciens ne courroient point de riſques & auroient tout le tems de s'échapper.

Venons maintenant au Théâtre. Les quatre corps qui ſéparent & terminent les trois ſcenes, devroient néceſſairement être bâtis très ſolidement en pierre, avec d'autant plus de raiſon, qu'ils auroient à ſoutenir la retombée des deux voûtes de la Salle & du Théâtre. Il faudroit que le haut

de

de la grande ſcene fût couronné par un arc en pierre, ſuffiſamment fort pour réſiſter à leur poids & à leur pouſſée, ſauf à l'aider de contre-forts où il ſeroit néceſſaire.

Il reſte l'ouverture des trois ſcènes. Les deux petites n'ayant qu'un ou deux chaſſis, ou ſimplement une ſeule toile, offriroient peu d'alimens au feu; & d'ailleurs étant éloignées des machines compliquées d'où part le plus grand danger, elles ſeroient facilement ſecourues, à cauſe des eſpaces libres qui ſe trouveroient derriere & autour d'elles d'un côté.

Quant à l'ouverture de la grande ſcene, il ne paroît pas poſſible d'empêcher qu'elle ne donne paſſage au feu. Nous ſerions en quelque maniere à l'abri pour celui qui prendroit aux toiles ou plafonds d'en haut, en ce qu'ils ſeroient ſéparés de la Salle par la réſiſtance de deux voûtes de pierre; mais l'incendie augmentant &

gagnant les chassis des coulisses, comment empêcher qu'il ne se répandît dans la Salle ? Ce seroit néanmoins beaucoup d'avoir gagné un peu de tems.

M. Soufflot avoit imaginé & fait faire pour le Théâtre de Lyon, un grand rideau de tôle, qui descendoit du cintre & bouchoit toute l'ouverture : ce moyen étoit ingénieux & seroit également possible à Paris; mais je ne sais si l'on doit le proposer, puisque l'expérience a fait voir qu'on ne peut espérer aucune exactitude de la part des personnes attachées au Théâtre. Il falloit, pour entretenir cette machine, la descendre & la remonter de tems à autre; on a pris ce soin dans les commencemens; à la fin, on l'a tellement négligée, que maintenant il seroit très-difficile de la mouvoir, du moins à ce que l'on m a d it Dans la somme des dangers, il faut faire entrer celle des négligences, & c'eſt ce qu'il eſt difficile de calculer.

Nous ne pouvons donc eſpérer de tirer des ſecours pour cette grande partie ouverte, que des réſervoirs d'eau qu'on peut placer en haut & en bas, & qu'en doit exiger de tenir toujours pleins. Peut-être ſeroit-il poſſible, au moyen de celui d'en haut, de faire uſage de l'invention employée au Kioſque que le Roi Staniſlas avoit fait faire à ſa maiſon de Plaiſance. Pour y donner de la fraicheur, on avoit pratiqué aux fenêtres une nappe d'eau tombant perpendiculairement, & faiſant rideau : c'eſt une idée que je ſoumets à l'examen. Ce ſecours, à la vérité, ne ſeroit pas de longue durée ; bientôt la chaleur réduiroit cette eau en fumée ; mais cet obſtacle peut donner quelques inſtans de plus, & ils peuvent être bien précieux dans ces circonſtances.

En ſuivant cette ſuppoſition, deux

gros robinets du grand réservoir jeteroient dans l'instant une grande quantité d'eau dans la longue cuvette destinée à produire cette nappe par les petits trous qui y seroient percés. Comme ils ne donneroient pas un passage prompt & facile à cette eau, la cuvette s'empliroit en peu de tems, & dans cet état on pourroit en faire un autre usage également avantageux, si l'on y avoit auparavant, & à demeure, adopté des tuyaux terminés en forme d'arrosoir, qui rendroient chacun vers le haut des premiers chassis, & les arroseroient sans le secours d'aucun homme. Les autres toiles ou chassis, seroient baignés d'eau par le secours des pompes, au moyen des arcs de pierre ou de brique dont je vous parlerai dans la suite.

Au reste, je ne prétends point donner des moyens d'empêcher qu'un Théâtre ne brûle, c'est trop souvent le sort de ces édifices. Je me borne à chercher ceux qu'on peut employer pour retarder & diminuer le danger, pour en ſauver quelques parties par leur incombuſtibilité, & principalement pour faire enſorte que perſonne ne ſoit forcé d'y périr.

Venons maintenant à l'intérieur du Théâtre, qui eſt la partie la plus combuſtible. Je demanderai d'abord, qu'eſt-ce qui oblige à mettre les chaſſis des décorations ſi près, qu'à peine peut-on paſſer dans les couliſſes (1)? On a quelquefois les chaſſis de quatre décorations les uns derriere les autres; & lorſqu'il eſt queſtion de les mettre en mouvement, il y a preſque toujours quelque riſque à courir pour les Acteurs ou autres, dans ces couliſſes étroites. Dira-t-on que

(1) J'ai la ſatisfaction de m'être rencontré ici avec M. Noverre. Il a enviſagé la choſe du côté de l'utilité dont elle ſeroit pour les comparſes, & moi par le côté des effets de la peinture.

c'eſt faute d'eſpace, nous recevrons l'excuſe pour le paſſé ; mais vous avez un Théâtre neuf à conſtruire, prenez l'eſpace qui vous eſt néceſſaire.

Les Décorateurs auroient beſoin que ces chaſſis fuſſent plus éloignés les uns des autres, car pluſieurs d'en-tr'eux font le rêve de ſuppoſer dans leurs effets perſpectifs, plus d'eſpace entre ces chaſſis qu'il n'y en a réellement. C'eſt une erreur ; nos yeux ſont trop accoutumés à meſurer les diſtances, ſur-tout auſſi prochaines, pour qu'on puiſſe eſpérer de les tromper. Ces Artiſtes ſeroient donc à leur aiſe, & développeroient mieux leur génie, s'ils n'avoient point cette fauſſe ſuppoſition à faire.

Je conviens qu'alors il ſeroit néceſſaire que ces chaſſis fuſſent larges, afin que les Spectateurs n'en puſſent pas voir la terminaiſon intérieure ; mais où eſt l'inconvénient ? Ce ne ſont que des toiles clouées ſur des cadres légers ; ayant plus de largeur, ils n'en glisseront que mieux & avec moins d'ébranlement dans leurs coulisses. Ce qui les rend lourds & difficiles à mouvoir, ce sont les portans de lumieres qui sont derriere, & c'est précisément ce qu'il faut absolument éviter. Les lumieres doivent être attachées à des corps solides & incombustibles; une fois allumées, elles doivent servir pendant tout le tems que dure l'Opéra. Le transport des portans à chaque changement de décorations, est d'un service difficile, & expose à quantité d'accidens.

Je ne pense pas qu'on fasse ici l'objection puérile de demander comment fera-t-on lorsqu'on voudra imiter la nuit ? Il est toujours facile de trouver des moyens simples pour intercepter le trop de lumieres, les moindres corps interposés suffisent.

Pourquoi n'éléveroit-on pas a côté & entre deux chassis, un corps solide, de pierre, de moëllon ou de brique, tourné par son plan de maniere à porter la lumiere sur le chassis qui suit ? Pourquoi ces mêmes montans solides ne soutiendroient-ils pas un arc surbaissé de pierre ou de brique, qui, traversant la largeur du Théâtre, tiendroit lieu de ces ponts, d'une planche attachée à deux ou trois cordes ? Pourquoi n'y auroit-il pas plusieurs de ces arcs à diverses distances, dans l'enfoncement du Théâtre ? Pourquoi enfin la galerie qui fait le tour du Théâtre, aussi bien que le plein-pied qui y joint, ne seroient-ils pas construits en pierres ?

Ces constructions d'arcs auroient l'avantage inestimable de pouvoir porter les lumieres qui éclairent les plafonds, sans qu'elles approchassent des toiles ni d'aucun objet combustible; de procurer des passages solides pour traverser le Théâtre sans danger, soit dans le service ordinaire, soit lorsqu'il feroit queftion de porter des fecours, & la galerie procureroit aux Ouvriers le moyen d'échapper dans le corridor qui feroit derriere.

La grande objection qui fe préfentera ici, c'eft de dire que ces corps gêneront les machines, mais ces machines elles-mêmes auroient befoin d'une grande réforme, & peut-être faudroit-il chercher, finon à les fupprimer, du moins à les fimplifier, à caufe de la dépenfe qu'elles entraînent, & de la quantité de bois dont elles rempliffent le cintre : nous en traiterons ailleurs.

Pour le préfent je me borne à obferver que l'ufage de ces machines eft de faire aller & venir les chaffis des côtés; defcendre d'en haut des gloires, des chars; élever d'en bas des parties de décorations, de rochers, de ces rouleaux qu'on a imaginés propres à repréfenter la mer, à laquelle ils ne reffemblent point, &c. Mais puifque nous ſuppoſons dorénavant des couliſſes de huit à neuf pieds, n'eſt-il pas évident que le Machiniſte aura bien plus d'eſpace pour diſpoſer ſes machines ſans qu'elles s'embarraſſent l'une l'autre, pour développer ſes toiles, faire deſcendre à l'aiſe ſes chars, ſes gloires, ſes nuages & autres parties de décorations ?

Je termine ici cette lettre ; nous verrons dans la ſuivante comment on peut procurer au Public les moyens de s'échapper promptement en cas de danger.

QUATRIEME LETTRE.

MONSIEUR,

IL est question maintenant de chercherles moyens de faciliter la sortie de la Salle & du Théâtre, à la moindre apparence de danger. On doit d'abord poser pour regle générale que chaque corridor soit capable de contenir à la fois & sans foule, toutes les personnes qui peuvent être dans le rang de loges qu'il entoure, & même plus encore pour obvier aux erreurs que cause l'effroi.

Il est évident par cette raison que le corridor des premieres loges doit être fort large, parce qu'il reçoit, outre les personnes de ces loges, celles de l'amphithéâtre. Celui des secondes peut l'être moins, mais cependant plus que celui des troisiemes;

car il ſe peut que dans un moment preſſant, pluſieurs des troiſiemes s'y jettent. S'il étoit queſtion d'un quatrieme rang de loges ou paradis, il devroit avoir ſes ſorties particulieres, en raiſon de la quantité de perſonnes qu'il contiendroit, & à cauſe qu'elles auroient plus d'eſcaliers à parcourir: nous en reparlerons dans la ſuite.

Le plus vaſte de tous doit être celui du parterre; la multitude qu'il peut contenir l'exige, ſoit qu'il y eût un parquet, ſoit qu'il n'y en eût point. On ne peut pas accorder moins de trois iſſues pour ſortir du parterre. C'eſt ce qui réunit le plus de Spectateurs, & conſéquemment où la confuſion peut ſe mettre plus aiſément. Il faut qu'à ces ſorties on ne rencontre aucunes marches, ni à monter, ni à deſcendre; ce ſeroit une occaſion de ſe culbuter les uns les autres, de cauſer des accidens, & de retarder la ſortie.

Il conviendroit que ces ſorties du parterre rendiſſent (comme nous l'avons dit) dans un vaſte corridor qui, outre trois grandes ouvertures, vis-à-vis de celles du parterre, en eût encore d'intermédiaires qui conduiſiſſent dans le grand veſtibule ou portique extérieur : ſi les grandes portes étoient engorgées par trop d'empreſſement, ces petites donneroient le tems de les rendre libres.

Comme on ne pourroit entrer au parquet que par les ouvertures des deux bouts, il ſeroit difficile de le vuider promptement, ſi, comme il eſt poſſible, le feu prenoit deſſous le Théâtre ; peut-être, pour plus de ſûreté, feroit-on bien d'y pratiquer dans le milieu une porte, que le Gagiſte qui veille à l'arrangement des places ſeroit chargé d'ouvrir en cas de néceſſité. Au reſte, ceci ſeroit plus indifférent, parce que le tout étant au niveau du parterre, parquet, orcheſtre, tous feroient bientôt fautés dedans ; la peur donne de l'adreffe & de la force. Bien entendu qu'il n'y auroit point à ces cloifons de ces piquans de fer dont quelquefois on s'eft avifé de les hériffer : c'étoit une précaution contre un danger imaginaire ; nous n'avons jamais vu que quelqu'un du parterre ait tenté de les franchir.

Les premieres loges font éloignées du danger, fur-tout fi, comme nous le fuppofons, les forties de leur corridor ne font pas proches du Théâtre. Néanmoins il faudroit que les efcaliers qui rendroient dans la grande partie du veftibule, fuffent en raifon de la quantité des perfonnes qui peuvent s'y rendre de plufieurs endroits, & auffi parce que le plus grand nombre feroit des femmes qui n'ont ni la force ni la vîteffe des hommes.

J'obferverai une fois pour toutes, que tous les efcaliers deftinés à faire fortir le Public, doivent être abfolument ſans aucunes marches tournantes, & qu'il eſt à propos d'y multiplier les paliers ; qu'il faut indiſpenſablement qu'ils ſoient tous conſtruits en pierre : il faut beaucoup de place pour de pareils eſcaliers, & ils entraînent beaucoup de dépenſe ; mais, je le répete, il eſt du dernier ridicule de penſer à économiſer lorſqu'il eſt queſtion de conſtruire un Spectacle où le Public ſoit, ou croie être en ſûreté (1).

C'eſt épargner peu le terrein, je l'avoue, que demander deux eſcaliers deſcendans juſqu'en bas, pour chaque rang de loges, ſauf à ne laiſſer monter que par un, & ne rendre l'autre libre que pour la ſortie. Mais ce qu'il y a de plus eſſentiel à un Théâ-

(1) Je ne parle point de la néceſſité de faire ouvrir toutes les portes en dehors. M. Noverre y a fortement inſiſté. Tout le monde en convient, & cependant on ne l'a fait nulle part.

tre, c'eſt la quantité des eſcaliers & des ſorties; on en doit calculer la largeur ſur ceux qui doivent en ſortir, en ſuppoſant que ce ſoit tous à la fois, & je ne voudrois pas que l'on comptât pour quelque choſe les petits corridors ou eſcaliers de jonction qu'on pourroit conſtruire pour établir la circulation d'un rang de loges à l'autre : il faut que ſans leurs ſecours on puiſſe s'évader.

Si cependant il n'étoit pas poſſible d'obtenir la place néceſſaire pour tant d'eſcaliers, on pourroit y remédier par un moyen qui économiſeroit l'eſpace, mais qui, par ſa magnificence, n'épargneroit rien ſur la dépenſe, & au contraire l'augmenteroit. Au reſte, ne ſeroit-il pas à ſouhaiter qu'en conſtruiſant un édifice néceſſairement diſpendieux, on n'épargnât pas un ſurplus qui peut en faire un monument honorable pour la Nation aux yeux du citoyen & de l'étranger (1).

Ce moyen seroit d'entourer tout cet édifice, ou du moins la partie de la Salle, de deux vastes portiques, l'un sur l'autre ; celui d'en bas en soubassement à arcades ou autrement, & l'autre au-dessus, décoré d'un grand ordre d'Architecture, qui, en quelques endroits, fît colonnade. Alors, à l'exception des premieres loges qui auroient leurs descentes dans le vestibule d'en bas, les autres rendroient dans celui de dessus ; les secondes de plein-pied ou à-peu-près, les troisie-

(1) Un édifice médiocre ne produit rien, mais un bel édifice appelle les Etrangers ; & les retenant quelques jours de plus, la premiere dépense en est tôt ou tard acquittée par leur séjour. De plus, il est de la gloire d'une Nation que les édifices publics marquent dans l'avenir sa richesse, sa population & son goût dans les Arts. Le tems détruit un mauvais tableau, brise une mauvaise statue ; mais l'édifice reste, & fait l'honneur ou la honte d'une Nation.

mes ou quatriemes, par leurs escaliers particuliers. Ce seroit peut être le cas d'employer ces doubles escaliers que M. *le Camus* a exécutés à la Halle au blé.

Arrivés dans ce vestibule élevé, on y trouveroit dans les angles de grands escaliers éloignés de tout danger; remis alors de la premiere frayeur, on descendroit avec tranquillité. Ce vestibule élevé seroit lui-même un foyer magnifique dans la belle saison.

A propos de foyers, nous n'en avons point parlé; ils sont pourtant importans à l'Opéra, ne fût-ce que pour les Nouvellistes. Il est évident que leur place naturelle est aux deux pointes de l'ovale entre la Salle & le Théâtre.

Il est besoin de pratiquer des communications entre les divers rangs de loges, mais il faudroit qu'elles ne fussent ouvertes qu'après que l'Opéra est commencé, & qu'on a lieu de juger que tous les Spectateurs sont placés, car il est essentiel sur-tout qu'on parvienne à faire supprimer l'usage odieux d'enfermer sous clef les personnes qui sont dans les loges, *dans ces cages de bois où*, comme le dit très bien la lettre à M. de C***, *on est à la merci d'une ouvreuse de loges qui s'enfuit à la premiere alarme.* Cet abus, je le sais, a lieu dans tous nos Théâtres, mais il n'en est pas moins désagréable & dangereux, & une réclamation générale du Public doit en obtenir la suppression : on ne voit rien de semblable dans les Théâtres d'Italie.

Je suppose en même tems qu'on aboliroit l'usage malhonnête de prendre de l'argent lorsque le parterre est rempli, sous le prétexte qu'on pourra rester dans le corridor ; on a été même jusqu'à vitrer le fonds des premieres loges, chose infiniment importune pour les personnes qui sont dedans.

Il n'y a qu'une ardeur excessive pour augmenter la recette, qui ait pu faire imaginer de vendre des places qui ne sont pas des places ; les autres Théâtres ne l'ont point admis & n'en sont pas moins bien leurs affaires.

Après avoir parlé des précautions à prendre pour la sûreté des Spectateurs, il n'est pas moins essentiel de s'occuper de celles qui concernent les Acteurs & autres personnes utiles au Théâtre. Non-seulement le danger est plus imminent pour elles, comme plus proches ; mais encore celles qui sont sur le Théâtre, par un sentiment naturel & irrésistible, étant les premieres appellées à donner des secours, il s'ensuit qu'elles sont les dernieres à abandonner la partie, & ne se retirent que lorsqu'elles ne voient plus d'espoir. Pouvons-nous négliger de pourvoir à leur salut ? Il faut au moins qu'elles trouvent des sorties prochaines qui les éloignent promptement d'un danger insurmontable. C'est pourquoi, aux deux galeries que nous avons supposées bâties en pierre au plein-pied du Théâtre & à la hauteur du cintre, nous ajouterons trois sorties de chaque côté, & autant au fond, lesquelles rendroient dans un corridor entouré du gros mur de défense que nous avons supposé qu'on éleveroit autour du Théâtre, pour garantir le voisinage. Dans ce mur on pratiqueroit le double d'issues, c'est-à-dire, six pour trois ; c'est-là le cas où il faut les multiplier, parce que si quelques-unes étoient interceptées par la flamme, on en rencontreroit d'autres pour s'échapper.

C'est au-delà du mur de défense que dans un large corridor, pourroient être placées les loges des Acteurs (1), encore faudroit-il qu'elles eussent une

(1) M. Noverre propose une autre maniere de les placer ; je souscris entiérement à sa proposition.

autre sortie par derriere; on sait que si M. Legros avoit chanté le jour de l'incendie, il auroit péri dans sa loge.

Quittons des réflexions tristes & effrayantes. Nous devons croire que cet événement laissera des traces assez profondes dans les esprits, pour engager à ne négliger aucunes des précautions qui peuvent rassurer le Public.

Mais n'oublions pas que la quantité des escaliers, des portes, & enfin toutes les précautions que nous avons énoncées pourroient être en pure perte, si le soin en étoit abandonné aux gens servant habituellement l'Opéra. Les portes extérieures, je crois, ne doivent pas être en moindre nombre que huit, pour faciliter une prompte sortie au Public. Mais comme elles ne seroient point d'absolue nécessité dans les jours ordinaires, bientôt on cesseroit de les ouvrir; elles se trouveroient dans la suite embarrassées de décorations, d'échelles ou autres ustensiles ; & dans le moment du besoin, on ne pourroit en faire usage : il n'y a qu'un corps militaire, sur l'exactitude de qui l'on puisse compter.

Il seroit donc à souhaiter que cette police fût confiée aux Gardes-Françoises ; qu'avant l'Opéra le Sergent de garde, en faisant sa visite, se fît ouvrir toutes les portes, pour voir en quel état elles sont ; que les clefs de celles qui n'ouvriroient que pour la sortie fussent remises à la Sentinelle, pour les faire ouvrir dans le besoin au premier ordre qu'il recevroit de l'Officier. Il est encore d'autres objets qu'il faudroit soumettre à cette inspection, comme de savoir si les réservoirs sont remplis d'eau, si les Pompiers sont à leur poste, &c. (1).

---

(1) M. Noverre propose un autre arrangement, auquel je souscris volontiers ; mais je suis toujours persuadé qu'une surinspection confiée aux Gardes-Françoises offre plus de sûreté.

Je terminerai cette lettre par une récapitulation des changemens que j'ai annoncés qu'on auroit à faire à l'ancien projet de salle de Spectacle, pour le rendre convenable à une Salle d'Opéra.

Je suppose que vous avez le plan sous les yeux : nous avons dit qu'on agrandiroit de cinq à six pieds l'ovale sur son petit diametre, sans l'augmenter sur le grand ; que cette addition ne se feroit point du côté da la scene, mais sur le fonds de la Salle, au moyen de quoi l'avant-scene resteroit la même ; qu'on partageroit en deux l'espace qui y est marqué pour orchestre & parquet, & qu'on en feroit un grand orchestre, & un parquet au plus de trois rangs.

Il y a lieu de croire que le parterre ne s'en plaindroit pas, quoique à la vérité il s'en trouvât plus éloigné ; parce que sa grandeur, double de l'ancien, met un bien plus grand nombre

de

de ſpectateurs proche des Acteurs. D'ailleurs ce parterre peut contenir debout, environ ſept cents perſonnes, ſans être preſſées ni fort éloignées, au lieu que les autres n'en ont contenu que quatre cent cinquante, lorſque le nombre en étoit raiſonnablement fixé.

Nous avons remarqué qu'il peut y avoir au premier rang dix-neuf loges, ſi l'on fait un balcon en amphithéâtre; vingt au ſecond rang, & davantage aux troiſiemes; mais nous n'avions pas obſervé qu'il eſt néceſſaire que tout ce troiſieme rang ſoit pour les loges à l'année. On eſt accoutumé à cette ſorte de commodité, & il eſt aſſez doux pour les Directeurs ou autres, d'avoir ce revenu aſſuré, ſoit que l'on donne de bons opéras ou non.

Il s'enſuit qu'on eſt obligé de faire un quatrieme rang ou paradis, & conſéquemment à exhauſſer la voûte de bois; mais il n'y a aucun inconvénient, non plus qu'à lui donner une courbure moins applatie.

Je pense même que ce paradis ayant pour appui la corniche qui couronne les trois rangs de loges, il pourroit être traité en amphithéâtre, sans séparations autres, que celles des piliers de fer, soutenant la voûte de bois; car la retombée de la voûte de pierre feroit sur le fort mur qui entoureroit depuis le bas, tous les rangs de loges. Ce paradis n'étant pas dans le cas de reculer comme les autres rangs de loges, en y ajoutant l'espace du corridor de dessous, pourroit contenir quatre rangs de bancs, & un passage derriere. La grande portion d'ovale qu'il parcourroit, donneroit une nombreuse quantité de places : il s'agiroit alors d'y procurer au dehors du mur, les corridors & les escaliers convenables.

Un autre changement que je crois important, est celui de l'ouverture de la grande ſcene. Les Ballets, ſurtout pantomimes, ſont un véritable objet de plaiſir. Il faut de l'eſpace pour les bien développer ; d'ailleurs il y a peu *d'à parte* à l'Opéra. C'eſt pourquoi je porterois la grande ſcene à trente-ſix pieds d'ouverture, au lieu de vingt cinq qui avoient paru ſuffiſans pour la Comédie. Les petites ſcenes ne ſeroient plus que des paſſages, avec quelques percés de décorations.

On ne doit point craindre que cet élargiſſement faſſe paroître la ſcene écraſée : nous avons acquis au-deſſus, plus de ſept pieds de hauteur par notre quatrieme rang de loges, & s'il étoit néceſſaire, nous entamerions notre voûte par un arc ſurbaiſſé, dont les ſophites ſeroient richement ornés. On a plus beſoin de largeur que de hauteur dans les ſcenes de Théâtre, & l'art de l'Architecture conſiſte à donner la grâce aux diverſes proportions que dérermine l'utilité de l'édifice.

Je joins ici un plan tracé très-en petit, pour vous donner une légere idée de la maniere dont je conçois cette Salle de Spectacle.

Je suis, &c.

BIBLIOTHEQUE ROYALE

CINQUIEME LETTRE.

MONSIEUR,

JE me ferois moins étendu sur la partie du Théâtre ; & si j'avois prévu que M. Noverre traiteroit cette matiere, je m'en ferois rapporté à lui. En effet, ses observations présentent les idées les plus judicieuses, & je leur soumets tout ce que j'en ait dit.

Si je continue de vous écrire, c'est en Artiste, à la vérité étranger aux détails du Spectacle, mais qui voit par les yeux des arts qu'il a étudiés, & qui, plus libre dailleurs, comme ne tenant point à la chose, peut hasarder des remarques, que peut-être M. Noverre ne se permettroit pas.

Je vous ai déjà fait entrevoir l'opinion où je suis, que l'on tient beaucoup plus à la partie des machines, qu'elle ne le mérite. C'eſt, ce me ſemble, faute d'y réfléchir, qu'on les croit ſi eſſentielles; & ſi l'on examinoit ſérieuſement ce qui en réſulte, & combien il eſt aiſé de les ſuppléer pour la plus grande partie, ſans aucune diminution des plaiſirs de la ſurpriſe & de l'illuſion, peut-être ſe refroidiroit on ſur l'intérêt que l'on y attache.

Aux yeux de toute l'Europe, les ſpectacles d'Opéra en Italie, ſont au moins auſſi beaux que les nôtres. Cette eſtime, à la vérité, eſt principalement due à l'excellence de leur muſique; ſoit raiſon, ſoit habitude, elle eſt généralement mieux ſentie, & plus analogue que la nôtre, au goût univerſel. Les établiſſemens qu'on a faits dans toutes les villes d'Italie, pour l'enſeignement de cet art, ont multiplié les talens de la compoſition & de l'exécution. Ils jouiſſent d'une abondance d'excellens Chanteurs, & ils les paient très-magnifiquement, persuadés que la plus belle musique perd beaucoup de ses agrémens, si elle est foiblement exécutée (1).

Mais les spectacles qu'ils présentent aux yeux, satisfont aussi; leurs décorations sont souvent très-belles, & leurs comparses ont de la magnificence. Il ne seroit pas possible qu'en dépensant des sommes si fortes pour l'art du chant, ils fissent encore des frais considérables en machines; ils ont pris le parti de s'en passer. Il est vrai que quelquefois ils y suppléent par des moyens qui ne nous plairoient pas : a-t-on besoin d'un rocher, d'une cabane au milieu du Théâtre? Un homme l'apporte, la pose & l'appuie d'un étai; on voit ses pieds par-des-

(1) Remarquons en passant qu'il est assez singulier qu'on paie beaucoup moins ces talens chez nous, où ils sont bien plus rares.

ſous, ce qui, ſans doute, nous feroit rire, parce que nous n'y ſommes pas accoutumés, mais il y a un milieu à tenir. On peut conſerver les machines néceſſaires pour ſervir promptement les décorations, & ſupprimer celles qui ſont ſuperflues, & qui ne ſervent qu'à produire des vols, ou autres merveilles ridicules, qu'on ne voit plus qu'en hauſſant les épaules. Enfin il ſeroit bon de chercher à ne pas dépenſer 80 ou 100 mille francs par an, pour un plaiſir qui n'en eſt pas un. N'aimeroit-on pas mieux que cette ſomme fût répandue ſur les véritables arts qui conſtituent l'Opéra ; la Poéſie, la Muſique, la Danſe & la Peinture, talens dans leſquels il eſt ſi difficile d'exceller.

Les ſeules machines véritablement belles, ce ſont ces palais ou ces grandes gloires qui rempliſſent toute la ſcene. C'eſt de toutes les choſes qu'on a tentées à l'Opéra, celles qui ſont vraiement un grand & bel effet. Quant à ces petites descentes pitoyables, d'un Dieu ou d'une Déesse sur un petit monceau de nuages découpés en rond & attachés à quelques cordes, assurément il n'y auroit pas lieu de les regretter.

Il y a peu d'apparence qu'on en ait besoin à l'avenir; le genre de féerie & de magie est tombé en désuétude; ces changemens surprenans, opérés par un coup de sifflet, ne nous surprennent plus; ces Dieux, ces Déesses & tant d'autres êtres imaginaires ont cessé de nous intéresser, & il est difficile que désormais le merveilleux de la Fable soit amené assez heureusement pour être un objet de plaisir: le genre d'Opéras que nous goûtons à présent, est dramatique & n'admet plus gueres ces miracles.

Sur-tout il faudroit supprimer les vols; notre goût plus épuré, ou notre critique plus sévere, exigent cette réforme. On a voulu, contre le sentiment de l'Auteur de la musique, faire usage de l'ancien vol dans l'Opéra de Persée; le Public l'a trouvé ridicule, non qu'il fût mal exécuté, il étoit ce qu'il a toujours été, mais nous n'admirons plus si facilement. C'est une suite nécessaire de l'impossibilité de nous cacher la corde. Dailleurs l'attitude contrainte de ce combattant n'a nul rapport à celle d'un être qui auroit la faculté de planer dans les airs. l eût été plus vraisemblable & plus intéressant, que Persée se fût placé sur le rocher devant Andromede, & que de-là il eût combattu le Monstre.

Je me souviens encore du vol de Phaéton; rien n'étoit plus ridicule que de voir quatre chevaux de carton, dont les seize jambes brandilloient en l'air. Dans je ne sais quelle autre piece, on voyoit les douze Dieux pen dus chacun à une corde qui ontinuoit de vibrer pen dant toute la ſcene. Il faut convenir que de pareils objets ne ſont propres qu'à amuſer les enfans. Ce ſont cependant ces miſeres qui occaſionnent les machines les plus diſpendieuſes.

Eſt-ce que les Gorgones ou les Diables, ſortant d'un antre, ne feroient pas autant de plaiſir que lorſqu'on les voit s'élever lentement & bien arrangés, au moyen d'une trappe? Le plus ridicule encore, c'eſt lorſqu'ils vont s'y remettre avec ordre & inquiétude pour redeſcendre auſſi gravement, au ſortir d'une ſcene remplie d'action. Tout cela eſt bon pour étonner des Payſans qni ſortent de leur village; encore ne ſera-ce que la premiere fois.

On ſuit une routine établie, & l'on montre toujours à-peu-près la même choſe; toujours un Théâtre à deux rangs de couliſſes, bien exactement rangées; toujours un plancher bien droit & ſur lequel on voit de la tête aux pieds, jusqu'aux moindres personnages. Veut-on représenter une campagne, on pousse de petits terreins maussadement découpés pour cacher un escalier ou un chemin rampant ; le Héros doit-il être négligemment couché sur le gazon ? on glisse un canapé postiche qui ne tient en rien à la décoration ; enfin le plus souvent tout cela est si gauchement disposé, que les plus ineptes en voient le faux.

Loin de s'assujettir à cette galerie de chassis, & à diriger tout vers un point de vue placé au milieu, les habiles Artistes Italiens, tels que Bibiena, osoient présenter leurs objets sous un point de vue pris sur l'angle (1), ce qui les rend plus pittoresques, & offre au Spectateur un coup d'œil agréable, & dont la perspective échappe à sa critique, les

(1) M. Noverre a très-bien observé ce défaut de génie qu'on a droit de reprocher aux Décorateurs.

lignes fuyantes tendant à des points qu'il n'eſt pas à portée de juger ; il s'enſuit en même tems qu'on ne voit plus le défaut de rapport dans les lignes, qu'éprouvent ceux qui ne ſont pas placés directement au milieu de la Salle.

En deſirant qu'on cherche à ſimplifier ou diminuer la quantité des machines, je n'indiquerai pas le moyen qu'emploient les Italiens, & dont j'ai parlé, qui eſt de faire apporter viſiblement les parties de décorations dont on a beſoin ; mais je propoſerois qu'on eût pluſieurs toiles bien peintes, qui puiſſent deſcendre pour quelques inſtans, & qui ſervant en quelque maniere de tranſition d'une décoration à une autre, donnaſſent le tems néceſſaire à arranger celle qui doit ſuivre. Alors on auroit la liberté de diſtribuer autant de corps réguliers ou irréguliers, pittoreſques & imitant les vérités de la nature, que le goût en exigeroit, & on ne seroit point réduit à cette froide simétrie qui annonce que tout est produit par des machines qui ne peuvent placer les objets qu'en tel ou tel lieu.

L'usage établi à l'Opéra depuis M. Gluck, de laisser des entr'actes sans musique, avantageux à beaucoup d'égards, seroit également favorable à l'usage de ces toiles intermédiaires. Pendant ces intervalles, elles pourroient présenter un beau tableau qu'on auroit soin qui eût de l'analogie avec la Piece, & que bientôt l'orchestre seconderoit par un morceau de symphonie mesuré à-peu-près sur la durée du tems dont on auroit besoin pour faire le changement.

Je conviens que ce systême semble restreindre un peu les Poëtes, & les empêcher de hasarder souvent de changer de décoration dans le milieu d'un acte ou d'une scene. Dans un Poëme dramatique, & où il n'y a point de merveilleux, les changemens n'ont de vraisemblance, même théâtrale, qu'autant qu'ils se font après que les Acteurs se sont retirés. Il n'y a que le cas des féeries & la magie blanche ou noire, où ils puissent paroître pendant que les Acteurs sont en scene; mais si, comme il y a toute apparence, ce genre est tombé, il ne doit ni nous contraindre à rejetter un plan raisonnable, ni nous engager dans des dépenses considérables pour des occasions, qui de plus en plus deviendroient rares.

Si cependant une Piece exigeoit absolument cette surprise subite, elle pourroit encore avoir lieu; car nous ne supposons pas ces toiles sur le devant du Théâtre, mais à diverses distances, & faisant elles-mêmes décoration susceptible d'y jouer les scenes qui précéderont la décoration qu'on veut qui surprenne.

Croiroit on perdre quelque chose à

ce qu'une décoration ne se formât pas piece à piece devant nos yeux ? Est-ce un grand plaisir que de voir un gros rocher monter, descendre un ciel, des arbres s'approcher à droite & à gauche, & le haut de leur feuillage tomber des nues ? Ne seroit-il pas plus agréable & plus raisonnable que cela fût tout posé à notre insçu, & d'éprouver la sorte de surprise que ce changement peut causer, dans le court intervalle qu'il faut pour lever une toile.

En général les décorations qui plaisent & qui doivent plaire le plus, sont celles où l'on ne voit que peu de chassis, & qui sont peintes sur une seule toile, lorsqu'elles sont exécutées par un habile homme. Cette surface présente à tous les Spectateurs le même aspect ; on ne voit presque jamais que ceux qui regardent un tableau, songent à se placer exactement à son point de vue. Néanmoins, s'il est beau, il plaît à tous. Je n'ai besoin, pour le prouver, que de renvoyer à la toile représentant une galerie, exécutée par le Peintre des Bouffons Italiens.

Il y a peu d'apparence que cette petite troupe subalterne eût eu le bonheur de rencontrer le meilleur Artiste que l'Italie ait en ce genre; cependant il fit ici de bonnes décorations; deux entr'autres, dont l'une étoit cette galerie que tout Paris a admirée; l'autre, quoique meilleure encore par la vérité des effets & du coloris, fit moins de sensation, mais néanmoins fut applaudie. C'étoit le préau d'une prison, qui, si je ne me trompe, paroissoit au dernier acte de *l'Idolo Chinese*. Nos Artistes décorateurs ne se sont pas encore relevés de la petite humiliation qu'il leur a fait éprouver.

Depuis Servandoni & M. Boucher, il a été très-rare que nous ayions vu quelque décoration digne d'applaudissement, si l'on en excepte une prison du plus grand effet, peinte par M. Machy. Par quelle fatalité, une ville comme Paris, si fertile dans tous les talens, dans un spectale qu'on annonce comme le plus important, n'offre-t-elle presque jamais rien de satisfaisant ? Est-ce faute de paiement & économie mal entendue de la part des Directeurs ? Est-ce négligence, ou défaut de talent, ou timidité de la part des Artistes ? Je ne déciderai pas la question, mais je dirai seulement que les étrangers qui voient nos spectacles, doivent remporter une foible opinion de nos talens.

L'Architecture s'y soutient encore, mais foiblement; elle manque presque toujours d'effet. La lumiere y est répandue comme au hasard, & souvent vient de plusieurs côtés; point d'ombres vigoureuses qui la fassent valoir. Les gloires sont mieux traitées, & l'Artiste qui en est chargé, à souvent des succès; mais les paysages ſont foibles, fades & ſans effet; blafards & dépourvus de ces belles obſcurités que la nature préſente & qui relevent ſon éclat, ils ſont ordinairement rehauſſés de blanc à leurs extrémités comme des choux-fleurs; ce qu'on ne voit jamais dans la nature.

C'eſt, ou faux ſyſtême, ou routine négligente, ou timidité dans la compoſition. Il ſemble qu'on ait ordonné de prendre toujours pour meſure, ſoit des colonnes, ſoit des arbres, la hauteur du premier chaſſis. On n'oſeroit ſuppoſer ſur les devants des objets d'une grandeur plus coloſſale; on croiroit faire une faute ſi on ne faiſoit voir ſur ce premier chaſſis que le commencement d'une colonne ou le tronc d'un arbre, avec la naiſſance de ſes branches les plus baſſes. Il arrive de-là que par la perpective (qui n'eſt pas toujours d'un bon choix, parce que le point de diſtance eſt ſuppoſé trop près), à peine au quatrieme chaſſis, l'architecture eſt réduite à une petiteſſe qui ne s'accorde plus avec les Acteurs, leſquels ne décroiſſent point à l'œil dans la même proportion.

Cette hardieſſe de prendre un point de diſtance plus éloigné que le fond de la ſalle, donneroit aux objets une diminution moins rapide, & les rendroit plus agréables en les rapprochant davantage du géométral ; elle ouvriroit les moyens d'avoir des éloignemens plus profonds, des parties d'édifices ou de campagnes plus vaſtes dans les enfoncemens, & plus multipliées ſucceſſivement.

Il eſt vrai que le raccordement des lignes fuyantes ne ſe feroit pas de même, mais ce raccordement n'eſt exact que pour une ſeule perſonne, dans toute la quantité de celles qui ſont au ſpectacle : eſt-ce bien la peine de ſe refuſer à préſenter des effets plus agréables à toutes les autres ?

D'ailleurs, à l'exception de l'archi-

SALLE AGGRANDIE POUR UN OPÉRA.

1. Toiles 2. Chassis.
3. Piliers portant les Lumieres, et les Ponts qui traversent le Theatre.

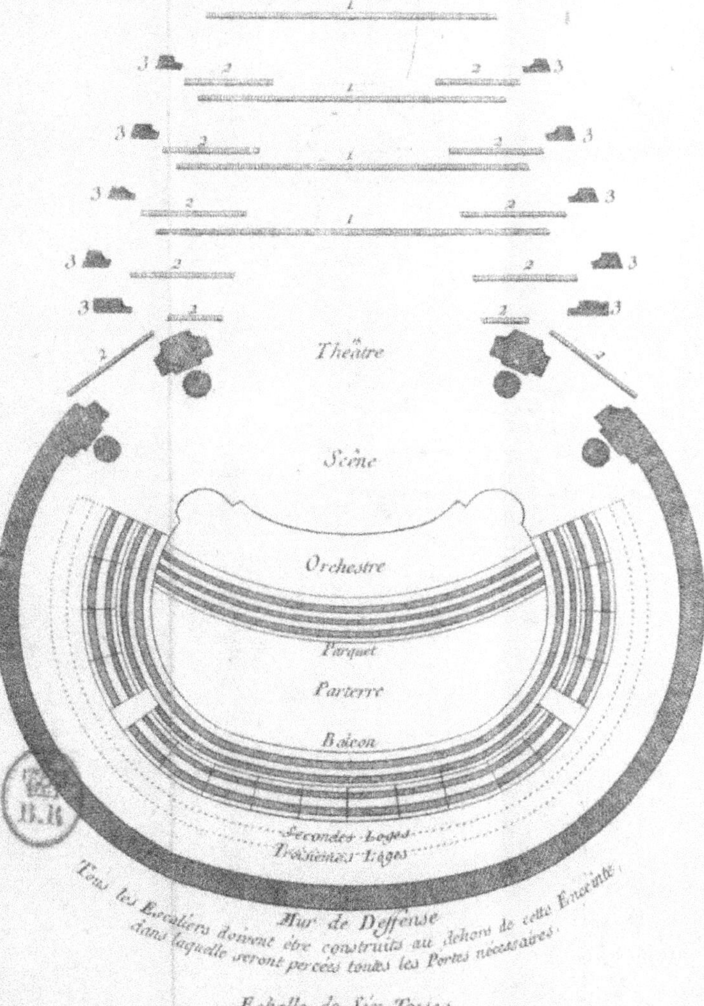

tecture qui semble exiger quelque sujétion, le paysage & tous les autres genres de tableaux offrent la plus grande liberté. Dans l'architecture même, un compositeur ingénieux sauroit facilement sauver cette jonction des lignes fuyantes, par les libertés qu'un homme de goût y peut prendre.

Je ne sais de quel œil on regarde les décorations de l'Opéra, & si l'on y attache quelque importance; mais quant à moi, je pense que les Artistes les plus distingués y seroient nécessaires, au moins comme compositeurs & veillans à la bonne exécution. J'ajouterai de plus que je crois qu'il n'en est point qui n'ait souvent desiré d'avoir une décoration à faire; c'est une occasion de déployer son génie. Ne seroit-il pas infiniment agréable de voir des décorations composées & dirigées, tantôt par M. *Vernet*, tantôt par M. *Robert*, ou par plusieurs autres Artistes célebres. Desirons-le ; mais ne nous en flattons pas.

Je suis, &c.

SIXIEME LETTRE.

MONSIEUR,

PERMETTEZ que dans cette derniere lettre j'examine encore avec vous quelques objets de ſpectacle, qui ſont, en quelque maniere, du reſſort des arts du deſſin ; je veux dire les comparſes ou tableaux en action. A l'exception des Ballets-Pantomimes qui ſont toujours compoſés & exécutés par des gens de goût, la plupart des autres ſpectacles qu'on donne à l'Opéra ſont manqués, & ſouvent ridicules.

Qu'eſt-ce que ces combats, où l'on voit quinze ou vingt hommes d'un côté & autant de l'autre, ſe pourſuivre en frappant ſur des boucliers, qu'on a ſoin de tendre viſiblement pour recevoir les coups, ce qui préſente une attitude toute différente de celle qu'on prendroit pour ſa défenſe? Tout ce tapage eſt déſagréable, & n'eſt rien moins qu'harmonieux avec la muſique. D'autres fois, on voit ces prétendus combattans croiſer leurs épées en l'air, comme s'ils chaſſoient aux chauve-ſouris. , & le tout ſe paſſe aſſez près du devant du Théâtre, pour en laiſſer voir diſtinctement la fauſſeté.

Je penſe qu'il ſeroit du bon goût que ces combats ou autres ſpectacles de ce genre, dont on ne peut préſenter la réalité, fuſſent toujours éloignés du Spectateur, afin de le mettre moins à portée d'en appercevoir le faux. Si, dans le Ballet de Mirza, la fin du combat qui ſe paſſe ſur le pont, eût été plus près, l'illuſion ceſſoit.

Il ſeroit peut-être avantageux de les maſquer par des perſonnages, ſur le devant, qui ne les laiſſeroient appercevoir que par momens; à une distance un peu éloignée, des coups frappés à faux, paroîtroient porter en effet. Il feroit plus convenable de se servir de lances que d'épées, mais on n'en peut faire usage qu'à une distance qui fasse disparoître celle qu'il faudroit laisser entre les Acteurs (1). Alors les bataillons paroîtroient s'enfoncer & s'entre-détruire véritablement.

Il feroit quelquefois très-avantageux de mettre ces personnages en action sur un terrein plus enfoncé que le plan du Théâtre, tellement qu'on ne vît que le haut des figures. Cette adresse contribueroit beaucoup à l'illusion, mais il faudroit pour cela que le plancher du Théâtre fût construit de maniere à pouvoir se hausser &

(1) On pourroit fabriquer ces lances de maniere qu'elles rentreroient & ressortiroient au moyen d'une spirale de fil d'archal.

baisser par grandes parties ; c'est à quoi on n'a pas encore songé, & ce qui pourtant seroit fort utile pour fournir des décorations variées dans leur plan.

Ces tableaux en action, bien rendus, non-seulement plaisent beaucoup, mais il est quantité de situations qui les exigent. On n'y sauroit compter sur les acteurs des chœurs, ils sont trop occupés de leur chant & de suivre la mesure. Pourquoi ne tenteroit-on pas de les mêlanger d'Acteurs-Pantomimes, qui, distribués par grouppes & comme au hasard, s'occuperoient de peindre l'impression que doit faire la scene, & la rendroient vive & animée. Ce qui intéresse si fort dans les Pantomimes, est également nécessaire dans les Opéras chantés.

Il n'est peut-être pas hors de propos d'observer que souvent on commet une faute qui nuit beaucoup à l'apparence de vérité. C'est, lorsqu'on a produit une sorte de tableau agréable, de faire rester les Acteurs en attitude, afin que le Spectateur ait le tems de les voir ; cela peut-être bon pour quelques instans, si la situation le permet, mais pour peu qu'elle dure trop, elle tombe dans l'affectation de paroître dire, regardez moi ; or, les acteurs, pour jouer avec vérité, ne doivent pas savoir qu'on les regarde.

C'en est assez sur ce sujet. Je passe à d'autres objets ; vous ne serez peut-être pas de mon avis, mais je vous avoue que je desirerois qu'il fût défendu d'employer le feu dans nos spectacles. Qu'en résulte-t-il ? Un plaisir mêlé d'inquiétude pour sa propre sûrete. Ces étoupes, ou font un effet très-foible, ou en produisent un effrayant, comme dans le Seigneur Bienfaisant. Je conviens que cette Piece ne sauroit s'en passer ; mais si ce moy en eût étéinterdit, l'Auteur qui connoît l'art d'émouvoir le cœur, en eût trouvé d'autres. Il est vrai que cela eût été difficile, le feu est ce qu'on conçoit de plus effrayant; une inondation même, quoique ce soit un danger aussi grand & plus irrémédiable encore, n'eût pas fait le même effet au Théâtre, parce que nous n'avons aucun moyen de la représenter; car il ne faut pas penser à ces ridicules rouleaux dont on fait usage pour représenter la mer agitée, & qui ne l'imitent point. Le feu se représente par lui-même, avantage que n'ont point les moyens d'imitation dont on se sert pour peindre les autres dangers. Au reste, c'est la seule piece où il se trouve nécessaire.

Mais dans quantité d'autres où il est inutile, on l'amene comme par force; je n'en veux pour exemple que l'Opéra d'Armide; où l'on brûle inutilement & dangéreusement beaucoup de poudre, tandis que cette Magicienne ſe contente de dire en partant : *Démons détruiſés ce Palais.*

Il en eſt de même des flambeaux à l'eſprit-de-vin, qui d'abord ont étonné par leur éclat, mais qui cauſent de l'inquiétude par la crainte où l'on eſt que les Actrices ne ſe brûlent le viſage & le ſein. On nous en a excédés pendant un tems, mais cette petite merveille commence à s'uſer.

Nous cherchons ici à rapprocher toutes choſes du vrai ; décorations & comparſes. Ne penſez-vous pas auſſi qu'il feroit bon de trouver dans ces dernieres le plus de vérités de coſtume qu'il feroit poſſible ?

Je ne parle pas ici des Danſeurs & des Danſeuſes ; jamais il ne ſera poſſible de leur perſuader que la Danſe puiſſe avoir quelque grace ſous des vêtemens qui ne tiendroient rien des modes françoiſes, & je crois qu'ils ont raiſon. Au reſte, les Ballets ſont pour la plupart amenés dans les Pieces d'une maniere si forcée, qu'il importe peu, le tout n'ayant aucune apparence de vérité, qu'ils en soient plus ou moins éloignés.

Je veux seulement parler des habillemens des personnages essentiels à la Piece, c'est-à-dire les principaux Acteurs, & ceux des chœurs chantans ou pantomimes. La plupart des sujets qu'on traite, sur tout dans le Tragique, sont tirés de l'Histoire ancienne. Nous voyons dans tout ce qui nous reste de l'antiquité, une simplicité noble; croit-on la représenter en employant des étoffes chargées de clinquant, & en y multipliant les falbalas? On sait que ce n'est que dans nos siecles que la soie est devenue commune. Pourquoi donc rechercher les étoffes de soie les plus cheres, & les charger d'ornemens mesquins. N'est-il pas évident que des étoffes de laine fine, ornées de broderies simples, & même d'orfaux, vues de la distance, feroient autant d'effet, & peut-être davantage ſi elles étoient diſpoſées par un homme de génie (1). Quelle épargne ne ſeroit-ce pas, que de modérer cette dépenſe qui eſt très-conſidérable. Il eſt à ſouhaiter pour l'avantage de l'Académie de Muſique, qu'on apporte beaucoup d'économie, lorſqu'elle ne nuit point à la beauté eſſentielle du ſpectacle, afin de pouvoir répandre l'abondance ſur tout ce qui peut ſervir à l'encouragement & au développement des vrais talens.

Je finis par vous expoſer une opinion qui vous paroîtra bien ſinguliere,

---

(1) On n'en peut citer une meilleure preuve que les maſcarades que firent, il y a pluſieurs années, les Penſionnaires de l'Académie de France à Rome. Ils avoient fait & peint eux-mêmes leurs habits, ſur des etoffes communes. Néanmoins ils produiſirent l'effet le plus agréable au jour, à plus forte raiſon à la lumiere. Ils reçurent à Rome les plus grands complimens.

mais qui peut-être mériteroit quelque réflexion. C'est que je suis persuadé que l'Opéra feroit mieux ses affaires s'il ne donnoit que pendant huit mois de l'année. Ce n'est pas simplement parce que dans les longs jours, les recettes s'élevent de peu au-dessus des dépenses, mais c'est que je pense que cette courte privation augmenteroit l'ardeur de revoir ce Spectacle. L'ouverture de l'Opéra feroit à chaque fois une sensation nouvelle ; cette impulsion se soutiendroit long-tems, & vraisemblablement redoubleroit vers les dernieres semaines. Alors, dans les tems de repos, on pourroit préparer plusieurs Opéras. Les premiers sujets, qui, par une longue pratique, apprennent facilement leurs rôles, pourroient profiter d'une partie de cet intervalle pour donner aux villes de province la satisfaction de les entendre, & cette amélioration à leur état, en leur procurant plus d'aisance, exciteroit davantage l'émulation de ceux qui courent la même carriere, & en multiplieroit le nombre.

J'espere que vous me rendrez la justice de penser que je ne me suis point livré à un esprit de critique sur les Arts qui concourent à l'embellissement de l'Opéra, dans l'intention de désobliger personne, mais uniquement pour engager les Artistes qui sont à la tête de ces Spectacles, ainsi que ceux qui sont chargés de leur exécution, à ne rien négliger & à prendre tous les moyens nécessaires pour satisfaire le Public. Il m'eût été aisé de prouver que la plus grande partie des défauts qu'on peut leur reprocher vient de ce qu'ils ne font pas les études, & ne donnent pas les soins convenables.

S'il arrive enfin qu'on construise un Théâtre beau & commode pour les Spectateurs, ainsi que pour les Acteurs, ne sera-ce pas un motif pour redoubler d'émulation, afin de parvenir à faire les délices de la Nation, & l'admiration des Etrangers.

FIN.

BIBLIOTHÈQUE ROYALE

Lu & approuvé, ce 27 Novembre 1781,

DE SAUVIGNY.

Vu l'approbation, permis d'imprimer le 27 Novembre 1781.

LE NOIR.

ERRATA.

A partir de la page 24 jusqu'à la fin, il y a erreur de chiffres; au lieu de 5 *lisez* 25; & de suite] jusqu'à la fin.

www.ingramcontent.com/pod-product-compliance
Ingram Content Group UK Ltd.
Pitfield, Milton Keynes, MK11 3LW, UK
UKHW021550260726
13993UKWH00002B/742